AF357391

VENTE

Du Samedi 11 Juin 1904

HOTEL DROUOT, SALLE N° 1

à 2 heures 1/2

Exposition publique, le Vendredi 10 Juin 1904

DE 2 HEURES A 6 HEURES

COLLECTION DE M. P***

Tableaux Anciens

OBJETS DIVERS

COMMISSAIRE-PRISEUR

Mᵉ RENÉ LYON

29, rue Le Peletier

EXPERTS

MM. PAULME et B. LASQUIN FILS

10, rue Chauchat — 12, rue Laffitte

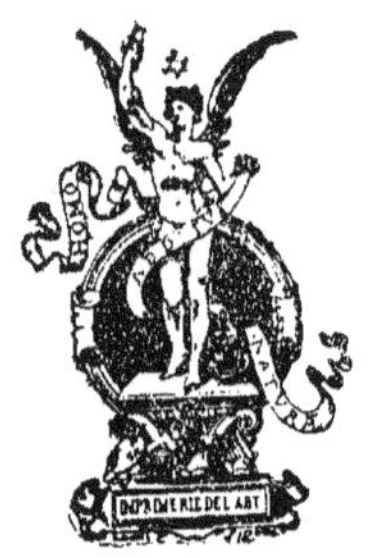

IMPRIMERIE DE L'ART

CATALOGUE

DES

TABLEAUX ANCIENS

Par ou attribués à :

ADRIAENSSEN, BERCHEM, BLONDEEL, J. DE BRAY, BOTH,
BREUGHEL, FRANCK, CONSTABLE, GONZALÈS COQUES, CROME, DEKKER,
DELFF, VAN DYCK, GOVERT FLINCK, FRAGONARD, F. HALS,
C. DE HEEM, G. HOET, KEY, KRAYER, N. MAS, MIEREVELT, PORCELLIS,
P. POTTER, REMBRANDT, RIBÉRA, RIGAUD, RUBENS,
RUYSDAEL, VAN SANTVOORT, SEGHERS, SONNIUS. J. STEEN, TENIERS,
VAN TILBORGH, TOURNIÈRES, TURNER, VAN DE VELDE, VERBOOM,
C. DE VOS, J. WARD, A. WILLAERT, WATTEAU DE LILLE, ZORGH.

DES ÉCOLES ANGLAISE, ESPAGNOLE,
FLAMANDE, FRANÇAISE ET HOLLANDAISE

OBJETS DIVERS

COMPOSANT LA COLLECTION DE M. P***

DONT LA VENTE AURA LIEU, A PARIS

HOTEL DROUOT, SALLE N° 1

Le Samedi 11 Juin 1904

à deux heures 1/2

COMMISSAIRE-PRISEUR	EXPERTS
Me RENÉ LYON	**MM. PAULME et B. LASQUIN FILS**
29, rue Le Peletier	10, rue Chauchat — 12, rue Laffitte

Chez lesquels se trouve le présent catalogue

EXPOSITION PUBLIQUE

Le Vendredi 10 Juin 1904, Salle n° 1, de 2 heures à 6 heures

CONDITIONS DE LA VENTE

Elle se fera expressément au comptant.

Les acquéreurs paieront *dix pour cent* en sus des prix d'adjudication.

L'exposition mettant le public à même de se rendre compte de l'état et de la nature des objets, il ne sera admis aucune réclamation, une fois l'adjudication prononcée. .

Paris. — Imp. de l'Art, E. Moreau et Cⁱᵉ, 41, rue de la Victoire.

DÉSIGNATION

TABLEAUX ANCIENS

ADRIAENSSEN

1 — *Nature morte : poissons, gibier, fruits sur une table.*

    Toile.

BERCHEM (Attribué à Nicolas)

2 — *Paysage d'Italie.*

    Berger et bestiaux au bord d'une mare.
    Panneau.

BLONDEEL (Lancelot)

3 — *Vierge assise sur un trône doré, tenant l'Enfant Jésus dans ses bras.*

    Panneau.

BRAY (Attribué à Jean de)

4 — *La Diseuse de bonne aventure.*

    Toile.

BOTH (Attribué à J. et A.)

5 — *Le Torrent.*

> Paysage montagneux animé de figures et bestiaux.
> Toile.

BREUGHEL (Dit de Velours)

6 — *La Multiplication des pains.*

> Paysage animé de myriades de personnages.
> Cuivre.

BREUGHEL LE VIEUX (Attribué à)

7 — *Le Jeu de l'œuf.*

> Réunion de nombreux personnages devant une
> auberge, regardant une femme sautant sur une
> jambe poussant un œuf du pied.
> Panneau.

BREUGHEL (P.) et FRANCK

8 — *La Vierge.*

> Dans un médaillon de fleurs.
> Panneau.

BREUGHEL

9 — *Fleurs dans un vase.*

> Panneau.

CONSTABLE (Attribué à)

10 — *Paysage ; effet d'orage.*

Panneau.

COQUES (Attribué à Gonzalès)

11 — *Paysage.*

Au milieu de ruines sont réunis de nombreux personnages.

Cuivre.

CROME (Attribué à Old)

12 — *Paysage.*

Animé de personnages et troupeaux, près d'une chaumière à la lisière d'un bois.

Toile.

DEKKER

13 — *Paysage : Maison au bord d'une rivière.*

Panneau.

DELFF (Corneille)

14 — *Nature morte : fruits et gibier.*

Panneau.

DYCK (Attribué à Antoine)

15 — *Le Serpent Python tué par Apollon.*

Toile.

DYCK (Attribué à Van)

16 — *Portrait de Jeune Homme, drapé dans un manteau noir.*

>Toile.

FLINCK (Attribué à Govert)

17 — *Portrait d'un Savant à sa table de travail.*

>Une main appuyée sur un manuscrit, il regarde le spectateur.
>Toile.

FRAGONARD (Attribué à)

18 — *Jeune Femme et Amour.*

HALS (Attribué à F.)

19 — *Le Buveur.*

>Toile.

HEEM (Attribué à Corneille de)

20 — *Nature morte : fruits sur une table.*

>Panneau.

HEEM (J. de)

21 — *Nature morte : table chargée de fruits et de fleurs.*

>Toile.

HOET (Attribué à Gérald)

22 — *Sujet mythologique.*

Toile.

KEY (Genre de)

23 — *Portrait de Vieillard.*

Panneau.

KRAYER (Attribué à)

24 — *Portrait de Magistrat.*

Toile.

MAS (Attribué à N.)

25 — *Portrait d'un Gentilhomme dans un parc, appuyé contre une balustrade.*

Il est drapé dans un manteau rouge.
Toile.

MIEREVELT (Attribué à)

26 — *Jeune Femme hollandaise à collerette.*

Costume noir, brodé or.
Panneau.

NYMEGEN (Attribué à Dionis de)

27 — *Enfant tenant un oiseau sur sa main.*

Panneau.

ORLEY (Attribué à Van)

28 — *L'Annonciation.*

Panneau.

OSTADE (Genre d'Isaac)

29 — *Intérieur flamand : La Bonne Mère.*

Panneau.

PALAMÈDE (Attribué à)

30 — *Intérieur d'un corps de garde.*

Panneau.

PORCELLIS

31 — *Ruines d'un vieux château au bord d'une rivière.*

Panneau.

POTTER (Genre de Paul)

32 — *La Traite des vaches.*

Toile.

REMBRANDT (Attribué à)

33 — *Tête d'Homme à collerette.*

Étude sur papier maroufflé sur toile.

RIBERA (Genre de)

34 — *Portrait de Vieille Femme.*

> Toile.
> Cadre en écaille.

RIGAUD (Attribué à)

35 — *Portrait d'un Magistrat, assis dans un fauteuil.*

> Il tient un pli de la main droite.
> Toile.

RUBENS (École de)

36 — *Allégorie.*

> Toile.

RUYSDAEL (Attribué à Salomon)

37 — *Paysage montagneux au milieu duquel coule un torrent.*

> Panneau.

SANTVOORT (Van)

38 — *Intérieurs : Scènes de famille.*

> Deux pendants.
> Toile.

SEGHERS (D.)

39 — *Portrait d'un Seigneur dans un médaillon
de fleurs.*
Toile.

SONNIUS

40 — *Bandits jouant aux cartes devant un
brasier.*
Panneau.

STEEN (Genre de)

41 — *La Naissance du Jumeau.*
Panneau.

TENIERS LE VIEUX (Genre de D.)

42 — *Joueurs de cornemuse dans un cabaret.*
Toile.

TENIERS LE VIEUX (Genre de)

43 — *Paysan.*
Panneau.

TILBORGH (Van)

44 — *Intérieur de cabaret flamand, animé de
nombreux personnages.*
Toile.

TOURNIÈRES

45 — *Portrait d'une Jeune Femme.*

En costume de soie gris perle, brodé d'or; elle est drapée dans un manteau de soie bleue.
Toile.

TURNER (Genre de)

46 — *Canal Grande à Venise; effet du matin.*

Toile.

VELDE (Attribué à Adrien Van de)

47 — *Marine. Mer calme.*

Panneau.

VERBOOM

48 — *Le Petit Pont.*

Paysage animé de personnages.
Panneau.

VOS (Attribué à Corneille de)

49 — *Portrait d'Homme à la collerette.*

Panneau.

WARD (Attribué à James)

50 — *Tigre guettant des antilopes.*

Toile.

WILLAERT (Adam)

51 — *Les Bords de l'Escaut.*

Paysage animé de nombreux personnages débar-
quant du poisson.
Panneau.

WATTEAU (De Lille)

52 — *Jeune Fille au béret bleu.*

Toile.

ZORG (Genre de)

53 — *Intérieur flamand.*

Panneau.

ÉCOLE ANGLAISE

**54 — *Portrait d'un Jeune Garçon à chevelure
blonde.***

Vêtu d'un gilet vert et d'une veste orange.
Toile.

ÉCOLE ESPAGNOLE

55 — *L'Ascension de la Vierge.*

Cuivre.

ÉCOLE ESPAGNOLE

56 — *Le Christ en croix.*

Panneau.

ÉCOLE FLAMANDE (xv° siècle)

57 — *La Vierge et l'Enfant Jésus.*

Panneau.

ÉCOLE FLAMANDE (xvᵉ siècle)

58 — *Le Christ et saint Jean.*

Panneau.

ÉCOLE FLAMANDE

59 — *Portrait d'une Donatrice.*

Panneau.

ÉCOLE FLAMANDE

60 — *Jeune Femme à collerette, coiffée d'un grand chapeau de feutre.*

Toile.

ÉCOLE FLAMANDE

61 — *Jeune Fille jouant de la mandoline.*

Toile.

ÉCOLE FRANÇAISE

62 — *Descente de croix.*

Primitif.
Panneau.

ÉCOLE FRANÇAISE

63 — *Les Enfants à la cage.*

Dessus de porte.
Toile.

ÉCOLE FRANÇAISE

64 — *Portrait en pied d'un Jeune Seigneur.*

Toile.

ÉCOLE FRANÇAISE

65 — *Portrait d'Homme en armure ; Portrait de Jeune Femme en costume bleu.*

Deux pendants.
Cuivre.

ÉCOLE FRANÇAISE

66 — *Le Galant Abbé.*

Toile.

ÉCOLE FRANÇAISE

67 — *Portrait d'Homme à perruque.*

Toile.

ÉCOLE FRANÇAISE

68 — *Portrait de Jeune Femme.*

Pastel ovale.

ÉCOLE FRANÇAISE

69 — *Deux Portraits d'Actrices.*
  Toiles.

ÉCOLE FRANÇAISE

70 — *Trumeau.*

ÉCOLE FRANÇAISE

71 — *Sujet mythologique.*
  Toile.

ÉCOLE HOLLANDAISE

72 — *La Vierge et l'Enfant Jésus.*
  Cuivre.

OBJETS DIVERS

73 — Commode en acajou, époque Louis XVI, orné de bronzes.

74 — Commode Louis XVI en bois de marqueterie, à trois rangs de tiroirs. Dessus de marbre.

75 — Un bureau en acajou, époque Louis XVI, orné de bronzes dorés.

76 — Un meuble-secrétaire en acajou, époque Louis XVI, orné de bronzes.

77 — Pieta, groupe en bois sculpté : la Vierge tenant le Christ sur ses genoux. XVIe siècle.

78 — Deux statuettes en bois sculpté.

79 — Vierge en bois sculpté.

80 — Objets omis au Catalogue.